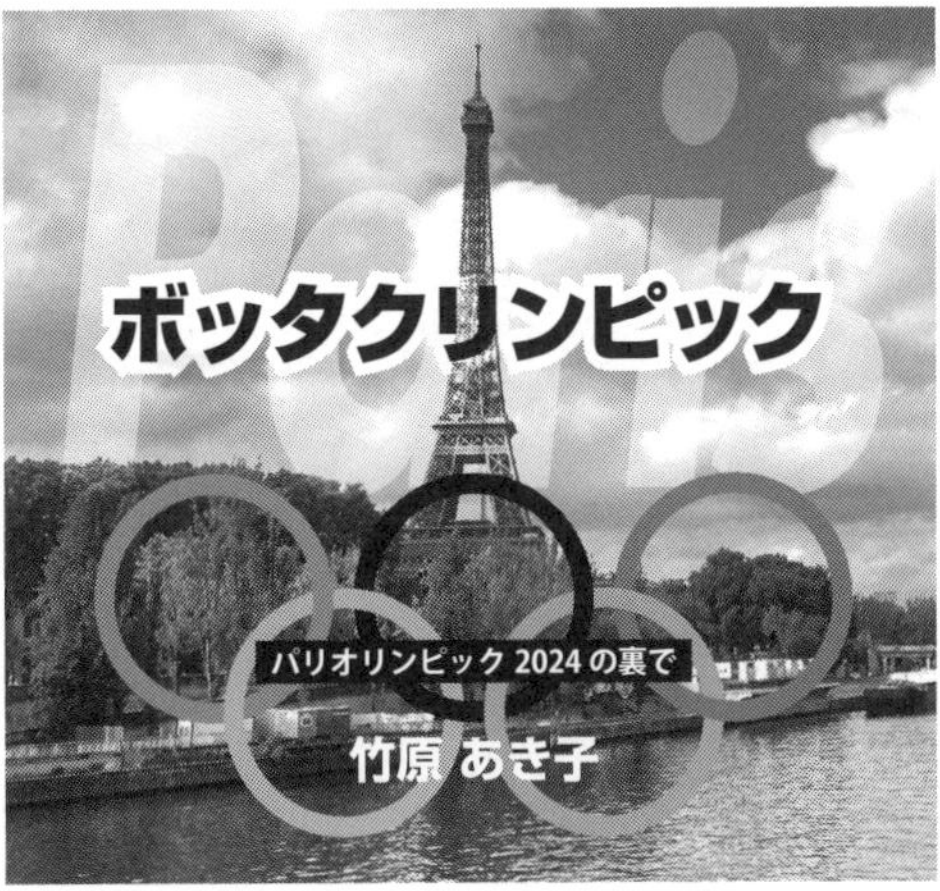
Paris
ボッタクリンピック
パリオリンピック 2024 の裏で
竹原 あき子

緑風出版

目次

ボッタクリンピック
——パリオリンピック2024の裏で

パリ中心部のグレーゾーン

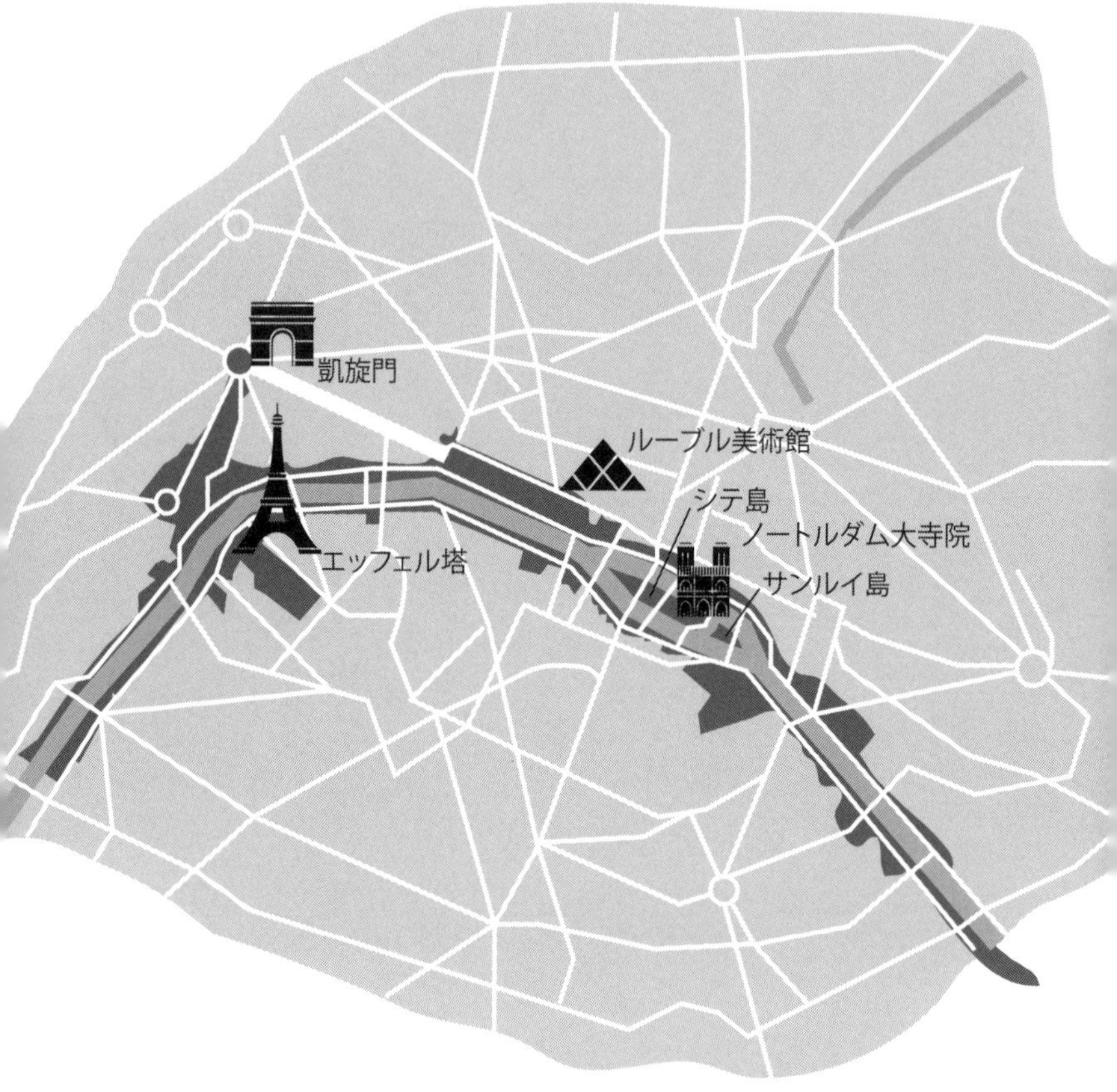

セーヌ川の左右の岸に沿って約 10㎞を囲むグレーゾーン（黒い部分）。パリ市民４万人が通行許可証（PASS JEUX）なしでは暮らせなかった。グレーゾーン全てが金網の柵で囲われた。

はじめに

商業主義とテロが招いたボッタクリンピック

無理やり開催した東京オリンピックは「ぼったくり男爵」という言葉を残した。「二〇二一ユーキャン新語・流行語大賞」のトップ一〇に「ジェンダー平等」「うっせぇわ」「親ガチャ」「ゴン攻め／ビッタビタ」「人流」「スギムライジング」「Z世代」「ぼったくり男爵」「黙食」「リアル二刀流／ショータ」と並ぶ。

トーマス・バッハ国際オリンピック委員会（IOC）会長らが日本の新型コロナ感染状況を心配せず、オリンピック開催に突き進む情況を、アメリカのワシントンポストweb版は『IOCは商業主義で日本を踏み台にしている』と厳しく批判した。この記事の『Baron Von Ripper-off』の和訳が『ぼったくり男爵』だった。まさにその通りと拍手がわきあがるほどの記事だった。

そのワシントンポスト二〇二一年五月二一日付のSally Jenkins氏の記事はつぎの通りだ：

Somre along the line "Baron Von Ripper-off" and the other gold-plated pretenders at the International Olympic Committee decided to treat Japan as their footstool. But Japan didn't surrender its sovereignty when it agreed to host the Olympics. If the Tokyo Summer Games have become a threat to the national interest, Japan's leaders should tell the IOC to go find another duchy to plunder. A cancellation would be hard — but it would also be a cure.

「いつの頃からか、ボッタクリ男爵と国際オリンピック委員会の金メッキの偽善者たちは、日本を自分たちの踏み台にすることに決めた。だが、日本はオリンピック主催国に同意した時、主権は放棄していない。東京夏季大会が国益にたいする脅威であれば、日本の指導者はＩＯＣに対し、略奪できる別の国を探すよう伝えるべきだ。キャンセルは難しいが、それは治療にもなる」

Von Rinpper-off,a,k,a, IOC President Thomas Bach, and his attendants have a bad habit of ruining their hosts, like royals on tour who consume all the wheat sheaves in the province and leave stubble behind. Where, exactly, does the IOC get off imperiously insisting that the Games must go on, when fully 72 percent of the Japanese public is reluctant or unwilling to entertain 15,000 foreign athletes and officials in the midst of a pandemic?

「ボッタクリ男爵、別名トーマス・バッハＩＯＣ会長とその随員たちは、王族が遠征する州の小麦を食い尽くし、切り株だけを残すように、主催者を台無しにする悪い癖がある。パンデミックのさなか、日本国民の実に七二パーセントが一万五〇〇〇人の外国人選手や関係者を接待することに消極的、もしくは乗り気でないにもかかわらず、ＩＯＣはオリンピックを継続しなければならない、と横柄に主張するのをどの時点でやめるのだろうか？」

もちろん、「東京オリンピック・パラリンピックの開催に向けて前進させているのは金だ」と指摘するのを忘れなかった。このバッハ会長の東京の次の標的がフランスのパリだった。ウクライナとロシアの戦いのまっただ中で停戦への呼びかけもせず、ボッタクリ男爵の主催したオリンピックは、ボッタクリンピックと呼ぶにふさわしい。まさに拝金主義のオリンピックに終始した。

目当ては若者人気獲得路線

オリンピックには正式競技の他に、追加種目がある。二〇二〇年の東京オリンピックから、追加種目は主催国が提案することになった。だからJOCは野球・ソフトボール、空手、スケートボード、スポーツクライミング、サーフィンを提案し、五競技すべてがIOCに追加種目として採択された。だが、パリ・オリンピックはブレイキン（ブレイキング／和製英語でブレイクダンス）が新たに加わり、スケートボード、スポーツクライミング、サーフィンは残ったが、野球・ソフトボール、そして空手が消えた。

理由は、球場を新たにつくらなければならなくなり、収益が見込めないから、と言われるが、野球もソフトボールもフランスでは馴染みのないスポーツで、若い観客は足を運ばないだろうとパリ五輪組織委員会が判断したにちがいない。

ただし、野球とソフトボールはロサンゼルス大会では復活するがパリ大会で新しく参加したブレイキンはロサンゼルスでは消える。とはいえレスリングのように正式種目も競技に見せ場がない、と判断されれば未来永劫に安泰とは言えない。

採点基準というルールは

パリ大会では、ブレイキンとスケートボードで日本選手が金メダルを取るという快挙があり、日本では好評だったようだ。古典的なスポーツとは違い、若者のストリート遊びが、パリ・オリンピックの競技種目に採用された理由は、若者の関心がオリンピックに向かなくなり、その空白を埋め、若者をオリンピックに呼び込もうとしたからだ、という。自分たちの利益のためにブレイキンやスケートボードを利用するIOCの「若者人気獲得路線」はだれの目にもはっきりわかっていた。「より速く、より高く、より強く」が五輪競技の評価基準であり、陸上や水泳など、見た目ですぐ優劣がハッキリわかるのがオリンピック観賞の喜びだったはずだ。

ところがブレイキンでもスケートボードでも、何が勝利の決め手だったかは素人目の判断は難しい。

ブレイキンでは選手のパフォーマンスだけを評価するのではなく、音楽担当、司会進行という二人の参加があっての試合だから、音楽と司会者の手腕もまた評価の対象になるのだろうか。スケートボードには手助けの人材はいないから、競技者一人の技が採点の対象になるにちがいないが、どんな技だったら高得点なのかはわからない。審査員は同じスポーツの経験者によって構成されているから、素人の目に採点のルールがわからなくても採点者の印象だけでいいのだろう。

この現象は今回採用になった種目だけではない。アーティスティックスイミング（シンクロナイズドスイミング）やフィギュアスケートもまた、選手の技術だけでなく振付と音楽の解釈もまた採点者の点数として評価されてきた。いつのまにか「早く、高く、強く」のスポーツからエンターテインメント性の評価に力点が移り始めたといえる。

エンターテインメントへの道を最初に切り拓いた競技は、おそらくフィギュアスケートではなかったか。フィギュアの前に氷上にスケートで規定の図形をどれだけ正確に描くことができるかを競う、規定演技（コンパルソリー）があったのだ。地味な衣裳で、身ぶりも手ぶりもなく、ひたすら静かに前や後ろを振り向きながら、靴は正確に円弧や四角をエッジで描く、アイススケートの基本中の基本の技術を競うものだった。地味なこの種目は、一九九〇年の世界選手権大会を最後に廃止された。つまり、派手さがなく、テレビの映像として大衆の目をうばいそうもないものは廃止の運命にあるのだ。

収益優先の「商業五輪」

「商業五輪」の原点といわれる一九八四年のロサンゼルス五輪について、二〇一九年一一月七日付の『日本経済新聞』記事を要約すれば以下の通りだ。

――一九八四年七月、ロサンゼルスの空から噴射装置を背負った「ロケット人間」がスタジアムに降り立った。世界を驚かせた開会式の演出、カール・ルイスの陸上四冠などで記憶に残るロス五輪は今に続く「商業五輪」の原点でもある。

七六年モントリオールは大赤字、続く八〇年モスクワは西側諸国のボイコットに遭い、大きな危機に直面していた五輪に、実業家でもあるピーター・ユベロス大会組織委員長が次々と改革を打ち出した。

協賛企業に五輪マークの使用を独占的に認め、テレビ局からは高い放映権料を獲得した。終わってみれば大会は、二億ドル超の黒字となり、五輪で得られる収益は各競技団体や選手に還元される一方、大口スポンサーである米テレビ局のために、東京大会の競泳決勝などを午前中にした。米国のゴールデンタイムに合わせたからだ。

したがって、ユベロスの成果でもある「商業五輪」の資金源の内情は、次の通りだ。

1　テレビ・ラジオの放送権料、米ＡＢＣは二億二五〇〇万ドルで独占中継権、七五〇〇万ドルの放送設備費も負担した。

スポンサー協賛金ではスポンサーを一業種一社に限定し競争させる。一社最低四〇〇万ドルの協賛金とし、コカ・コーラとペプシコーラが競い、勝ったコカ・コーラは一二六〇万ドルを提供した。

2　シンボルマーク等を使った記念コインなどグッズ製作と販売。

3　入場料。

4　スポンサーによる、大会運営機材、リオではＬＥＤ大型映像表示装置プロジェクター、放送機器のカメラやモニターなどがパナソニックによって提供された。観客の目にとまる企業のロゴは、タイム計測とスコアを担当する機器、そして選手のウェアやシューズについているスポーツメーカーのロゴだけ。

5　聖火リレー参加料、三メートルを一ドルで売り合計一〇九〇万ドル。この収益は「病院や教会とは寄付の競合もしたくない」との理由から全額ＹＭＣＡなど慈善団体に寄付し、それがオリンピックの宣伝効果となり、ロサンゼルス大会は二億一五〇〇万ドルの黒字を計上した。

6　競技会場は一九三二年第一〇回ロサンゼルス大会の施設を再利用、新設は必要最低限にし、選手村は大学学生寮。徹底した節約策でもあった。

二〇一三年九月のIOC総会（東京が五輪開催地に決定）で第九代会長になったのはバッハだった。二〇一六年ブラジル・リオオリンピックはバッハ会長の元で開催されたが、ブラジルは治安悪化に苦しんだ。オリンピック「後遺症」に苦しむ国をみて、二〇二四年の開催地決定の過程でローマ、ハンブルク、ブダペストが次々と辞退し、パリとロサンゼルスだけが残った。もはやオリンピック開催は単なる名誉ではなくなっていたのだ。

〝東京オリンピックは、コロナに打ち勝っていないのになぜ開催するのか〟の疑問に答えず政治家は国際オリンピック委員会のご機嫌をうかがうだけだった。トーマス・バッハ会長らは日本の感染状況に配慮をみせることなく開催に突き進んだ。

下がったオリンピックの商業的価値

アメリカでオリンピック視聴率が下がった。理由はこれまでのテレビ離れに加えて、Xゲームズのようにエクストリームスポーツを集めた、夏と冬の二回開催するスポーツ競技大会の影響があげられる。賞金も高く、競技者にとって魅力的だ。Xゲームズは、世界一九二カ国・五億世帯で映像配信され、一三カ国で累計六〇〇万人以上の観客を動員している。アメリカのケーブルテレビネットワークESPNなどが配信、若者に喜ばれる派手なスポーツだからファンは数えきれない。これが、オリンピック世界大会に対抗するスポーツ番組だ。オリンピックというスポーツの大会は、技術の進化とともに運営変更の瀬戸際にある。

1　グレーゾーンのパリ市民

日本でパリオリンピックは面白かった？　と訊ねれば、日本選手の金メダルへの称讃がほとんどだが、同時にパリって美しくて歴史があるんですね、と答えが返ってきた。

パリの美しさと歴史を見直したという声は、開会式テレビ放映が成功したからだろう。たしかにテレビ効果をねらったエンターテイメント満載の演出は、外国人観光客誘致に成功した。

だがその裏で事件が起こっていた。通行許可証（PASS　JEUX）がなければ自宅に帰れないグレーンゾーン（特別警戒区域）がその犯人だ。グレーンゾーンは、セーヌ川の岸に沿って幅約一〇メートル、総延長距離一〇キロメートルを囲む。

日本の江戸時代の関所で見せる通行手形のような通行許可証には、本人の名前、住所・身分・出発地と目的地、同行者や乗り物などが記入され、女性なら顔形の特徴も記録された、という。パリオリンピック警戒のための通行許可証はまさに江戸時代に戻ったようなものだ。さすがに同行者、乗り物、などの記載はないが、文字による顔形のかわりにパスポートの写真が手形に添付された。

通行許可証（PASS JEUX）

パリで二〇二〇年から二〇二二年のコロナの流行で外出一時間以内という規制では、路面で外出時刻を書いた請願書類をみせなければならず、不愉快だったが、今度の通行許可証はコロナの警戒以上に緊張を強いられた。

コロナの警戒は、犬の散歩、日用品の買い物を警察官に見せるだけだったのだ。

2

パリ砂漠の悲惨なレストラン

七月のはじめ、パリ市民はオリンピックを歓迎するほどではなかったが、反対するほどの感情もなかった。どちらかといえば、うまくいったらいいね、といった明るい気分だった。市民のほとんどは、競技より、夏のバカンスシーズンだから、と予定通りパリを後にした。

市民が消えれば、パリのレストランの常連も消える。もちろんコロナに続いたテレワークも、バカンスも、パリジャンの移動を促したのは確かだ。とはいえ、これほどパリに人影がなくなったのを目の当たりにするとは、驚き以上だった。パリは砂漠になった。すくなくともカルチェラタン、マレ地区を散歩しても一〇メートル先に人影がない。

営業不振に苦しんだのは伝統的なレストランとブラスリーだった。この業界の会長の調べでは、ある地域での売上げの損害は七〇%減だった、と報告している。その理由は七月一四日から二六日までは特別警戒区域（グレーゾーン）の警備があまりにも厳重だったからで、特別警戒地域（グレーゾーン）での損害は八〇%減だった。通行許可証で出入りするシステムのせいで常連客は外出することすらしなくなったからだ。

サンルイ島にかかる橋の風景（オリンピック期間）は砂漠

観光名所ノートルダム寺院の前庭も砂漠

なかでも最悪だったのは伝統的なレストランだった。常連はすでにパリを逃れていなくなっていたが、思惑とは反対に常連客のかわりに競技場につめかけた観光客がレストランを埋めてくれなかったのだ。

ただし、高級なホテルは宿泊率八五％から九五％で満足の成績だったが、それは束の間のことでオリンピックが終わるころには四〇％から五〇％に転げ落ちた。小さなホテルもまた苦しんだ。パラリンピック最中のカルチェラタンにあるホテルの玄関には、美しいダンサーと歌でお迎えします、という急ごしらえの呼び込みポスターを掲示するほど営業は切羽つまっていた。

美術館はほぼ三〇％減（ルーブル美術館 二二％減。オルセー美術館二九％減、オランジュリー美術館三二％減）、タクシーは四〇％減だった。パリのディズニーランドはどうだったか、といえば一日限りで、どんなアトラクションでも参加できる、という大盤振る舞いをした。

刻々と変わる交通規制がわずらわしくて、タクシーはフランス全体で一二％しか営業しなかった。ほとんどのフランス人はテレビの前での観戦を選んだ。

とはいえ、このパリオリンピックで活況を呈した業界もあった。コロナの外出制限がきっかけで、カップ一杯のコーヒーでも宅配したウーバーイーツ、そしてそれと同種の宅配業者が勝ち名乗りをあげた。残った市民が重い荷物を抱える買い物をさけたからだが、宅配の三輪車、電動自転車などは、パリ中に張り巡らされた交通規制に縛られなかった。ウーバーの自転車、三輪車だったら、交通規制がゆるく、比較的料金が安かったからだった。

3

失敗したイメージ戦略

異変はすでに二〇二一年の東京オリンピック直後から始まっていた。パリ市庁舎の道路に面する壁はいつでも展示に使われている。二〇二二年には歴代のオリンピックポスター展で華やいだ。世界を驚かせた一九六四年の東京オリンピックの忘れ難い亀倉雄策の作品が光っていた。

ところがこのパリオリンピック予告ポスター展にパリオリンピックのポスターがない、いや競技場の走行ライン、赤い曲線のポスターしか見えなかった。二〇一九年に公募したエンブレム聖火とマリアンヌの唇のあるポスターがどこにもない。オリンピック誘致のためのエッフェル塔をアレンジした優れたロゴも消えた。なぜかパリ市は、すでに評価が高かったロゴとエンブレムを反古《ほご》にして、二〇二四年のために新たにロゴを募集したのだ。

市庁舎の壁に大きな看板をかけたのは二〇二三年。そこには一目でバウハウスの丸三角四角を思いおこさせる構成パターンの看板があり、パリオリンピックの文字。そしてパリ市のロゴである帆掛け船だけが中央に輝いていた。パリ市が選定したはずのマリアンヌはどこにもいない。

2021年東京オリンピック直後の2022年のパリの歴代オリンピックポスター展。パリ市庁舎の壁に1964年の東京オリンピックのポスター

2022年のパリオリンピックのポスター展。「24年に待ってます（rendez vous）」とあるが、このポスターは、その後消えた。

この不思議を解いたのは国際オリンピック委員会（ＩＯＣ）の出版物だった。パリ市とＩＯＣとの話し合いができていなかったのか、あるいは互いに無視したのか、はっきりしないが、ＩＯＣが二〇二一年に発表した文書に、本書の「はじめに」に書いた言葉が並んでいた。

数々のスキャンダルにまみれたオリンピックは、その将来を危ぶまれた。企業からの寄付に支障があってはいけない。それをイメージ操作で切り抜けようと努力したことが読み取れる。

というのは、オリンピックといえばだれでも五輪のマークを思い浮かべる、五輪だけがだれもが知るオリンピックのイメージだ。その歴史に頼りきりではいけない。それまでのスキャンダル、汚名返上にはこれまでの五輪のイメージを上回る新たなイメージを見せなければ、と気がついたＩＯＣは、カナダのHulse & Durrell事務所にオリンピック開催時だけでなく、オリンピック全体の未来に続くイメージデザインを発注した、とある。その結果、五大陸を表す五色で競技の走路「トラック」を塗り分け、それらを組み立てるグリッドシステムとソフトウエアが提案された。その結果、パリ市が公募したポスターは消えたのだ。

2023 年夏、パリ市庁舎にかかげられた広告。

人気がなかったマスコット「フリージュ」。
フランス革命の自由と象徴

4 オリンピック汚職のビジネス化？

オリンピックが国際商品になった発端は、一九八四年のロサンゼルス大会とサマランチIOC会長の登場だった。他に名乗り出た都市がなかったために、ロサンゼルス市は、すべてを自主運営するとIOCに通告した。企業がオリンピックを運営するオリンピック・ビジネスがはじまったのだ。その柱は二つ。テレビ放映権とスポンサー・ライセンスだった。IOCが定めたオリンピックのシンボルマークや標語、オリンピック大会のエンブレム、マスコット、ロゴなどを商業利用する権利もビジネスの主体になった。

当然、テレビ局やスポンサー企業の評価を得ようとして、競技大会そのものがショーアップされ、テレビ向けの演出が義務となったのだ。パリオリンピックの競技はテレビ・ソフトとして位置づけられるようになり、パリ開会式のショーもまさにその先頭を走った。

二〇二一年、東京オリンピックでのスポンサーは「一業種一社、合計三〇社に限定、一社四〇〇〇万ドル以上」で、選考は電通が仕切った。日本のトヨタがスポンサーから降りる決意を表明した原因もまた、この電通絡みの醜悪なスキャンダルだった。オリンピックの誘致過程自体が汚職にまみれた「汚れた」行事であった。

東京オリンピック後には、贈収賄がらみや談合事件で逮捕者がでて、いまだに裁判が続いている。

二〇二五年一月三〇日に電通をめぐる談合事件での東京地裁の独占禁止法違反の判決がでた。罰金三億円、電通のスポーツ局長補に懲役二年、執行猶予四年の判決が下りた。

また、東京オリンピックの開催は、福島原発事故後の放射能汚染の問題もあった。コロナ禍の無観客オリンピックという異様さに加え、３・11で発せられた原子力緊急事態宣言が解除されないままの放射能汚染下で、被害者や避難者を切り捨てむりやり強行された。

5

イメージ浄化に失敗したＩＯＣ

国際オリンピック委員会（ＩＯＣ）が目ざした幾何学的なバウハウス風デザイン（左頁写真）は、パリ市庁舎の壁に、やがて競技場内外に、マラソンコース、競輪コース、競技場の壁、プールの背後に、催し物の壁に、パリの大きな路面の歓迎の旗にと展開され、競技会場どころか、パリ市内をオリンピックムードで満たし、新たなイメージ演出の背景となるはずだった

だがこれは失敗だったようだ。というのは、ＩＯＣのイメージ戦略と、開催都市パリのイメージ戦略は噛み合うことなく、市民もテレビの視聴者も二種類のイメージが重なって市内に、テレビ画面に映し出されていることに気がつかなかった。

しかもイメージ戦略のために、別のデザイナーに発注した競技種目の絵文字（ピクトグラム）も最悪だった。デザイナー自身はこれほど新しいコンセプトのピクトグラムは歴史になかった、と意気揚々と公表したが、競技場で使えるものではなかった。そのピクトグラムが何を表現するかがわか

水泳のピクトグラム

パリ市４区の区役所の後にできた環境研究所のポスターもオリンピックムード

IOC が特別につくったグラフィックイメージのライセンス商品の売り場。

らないからだ。謎解きとしか見えない不幸なデザインだった。もう一つ巨大なポスターと呼ばれる絵画も批判の渦の中にあった。というより大会場のどこかの壁を飾ったに違いないが、カトリック信者を傷つける表現だったのだ。

というのは、ポスター中のアーチェリー会場になるアンバリッド（廃兵院）のドーム頂上に「本来あるべきはずの十字架がない」ためだった。

パリオリンピックではＩＯＣ（国際的な組織）、都市（主催者）、国家（主催都市の）という三巴《みつどもえ》の運営のため、イメージ・デザインだけでもその企画、発注、選定、実施までの道のりは困難をきわめた。ロゴやポスター、といったグラフィックだけでも、三者は合意のもとで統一したコンセプトで取り仕切るべきだった。ところが、どうもパリオリンピックでは、互いの連絡が希薄で、相乗効果がうまれるどころか、互いの利点を消し合った。

一九六四年の東京オリンピックのデザイン統括は美術評論家・勝見勝の力量が功を奏し、当時の最先端の建築家、デザイナーを多数起用してもなお、ハーモニーのある世界的な評価を得たというのに。

パリ以前は、主催都市にイメージ戦略の全てをまかせ、それに沿ったデザイン戦

パリ市庁舎の横
マラソン出発地点に貼りめぐらしたオリンピックイメージ幕

新しいオリンピックイメージの旗をあしらったパリ市街

略があった。だが、パリはその道をはずれ、オリンピック招致から募集してきたロゴ、ポスター、ピクトグラム、マスコット、建築物への展開などのイメージに統一感はない。

コロナを懸念して二〇二〇年から二〇二一年に延期して開催した東京オリンピックも、ザハ・ハディドのオリンピック主競技場の建築費が高騰し廃案となり、隈研吾の代打でしのぎ、エンブレム盗作事件などのスキャンダルでまみれ、観客無しという異例のイベントになった。

スキャンダルはそれだけではない。東京オリンピック・パラリンピック競技大会の費用は三・七兆円に膨張した、と『毎日新聞』の二〇二二年一二月二六日号は報道している。投入された税金と寄付乱用の詳細を明るみに出すことなく組織委員会は二〇二二年六月三〇日に解散した。

6 ボッタクリに市民は知恵をしぼる

「ぼったくり男爵」という異名があるオリンピックのバッハ会長が率いる、パリのボッタクリは、まず地下鉄切符代金値上げでフランス市民を驚かせた。二〇二四年七月二〇日からオリンピック最終日の九月八日まで、メトロ・バス・トラム・RER（イル・ド・フランス地域急行鉄道網）のチケットは二・一五ユーロ（三四四円）から四ユーロ（六四〇円）に、一挙に倍額に。もちろん値上げは事前に知らされ、予め用心してそれまでの料金で切符を買った市民もいた。

この値上げはスキャンダルだったが、大きな反対デモにならなかったのは、市民は地下鉄もバスも利用するつもりが初めからなかったからだった。交通規制もあり車で通勤しにくく、ましてや地下鉄で通勤したくない、と市民はパリ市内に留まることをあきらめ、さっさと郊外の別荘、あるいはバカンスにでかけてしまった。パリは観光客と競技関係者とボランティアを除いて、会場付近は別として住民はアパートを後にしたのだ。

地下鉄も重要警戒地域のひとつだったから、きめ細かく、駅名、封鎖期間と時間帯をポスターにして周知に努めた。具体的には警察官が入口封鎖をした。もちろん競技場に近い最寄り駅警戒には軍隊も動員された。市民は通勤に使ってきた駅の封鎖には困った。乗り換え地下通路が入り込んでいるコンコルドのような駅は封鎖されるほどだった。それでも乗車料金は倍額だったのだ。

筆者が住むサンルイ島の八百屋さんは、開会式の一週間前に店を閉じた。そしてパラリンピックが終わる二日後にやっと顔をみせた。「バカンスでしたか」と声をかければ、「いやそんなゆとりはないよ。店を開けても良かったが、住んでいる所の最寄りの地下鉄は、四駅も封鎖で、家から三〇分歩かなければ店に来られないよ。行きと帰りで一時間も歩くのは疲れるし、警官のいる景色もいやだね。バカンスにはお金がかかるから、毎日近くを散歩してすごしたね」と。「お金にゆとりがなければ、バカンスは近隣散歩、という方法もあるのさ」と。だからといってオリンピックを非難することはなかった。

セーヌ川面に近い喫茶店の店主は、オリンピック全期間五〇日、店をあけていた。「たとえ砂漠のような毎日でも、店は必要なんですよ。だって数十、いや数百人の警察官がウロウロしてるんだよ。彼らがいくら水筒、ミネラルウオーターを持参していても、フランス人にはなくてはならないエクスプレッソという熱いコーヒーを飲みたくなるのさ。そのためにも店は開けておかなければ」と。「しぶしぶと店頭に立っていたが、売り上げは微々たるものだった。従業員は故郷に帰ったよ」と。主人の家は郊外にあるが、オリンピック期間だけ店の一部にベットを置いた。「かまわないよ、お客様のトイレが完備しているから、それほど不便はない」と話す。

洋装店の主人は、イスラム教徒だが会期中は店を開いていた。「どっちみち客がいなくても、電話とメールがあるから、注文をうけるだけでいい、それを梱包して送るから」と。

もともと国内というよりアメリカ、カナダなどの常連客が多かった店だからできた運営だったが、彼は店舗の地下室で寝た。その暗い空間には、台所、ベット、シャワー、トイレと住居に最低限必要な設備がととのっている。奥さんと大げんかすれば彼はここに隠れて出てこないそうだ。地下の小さな要塞は、かつて隠れて生きなければならなかった、不幸な民族の生きた証だった。

閉店が義務だった商店の損益を補う補償金の約束はあったが、まだ支払いはないという。きっと来年の七月頃かな、と住民は嘆く。それもそうだろう、オリンピックで商売は確かに赤字だったが、その負債の詳細がまだはっきりしないからだ。

7

大歓迎された中国

パリ地下鉄公団とパリ市が契約し、「中国の皆様、ようこそパリへ」と、フランス語と中国語で壁一面に広告がでたのは二〇二三年。そこには中国からの旅客サービスはウイチャット（中国版ＬＩＮＥ）で楽しんでください、とも受け取れるキャッチフレーズがあった。

中国企業がパリ市と契約して、旅行者の面倒をみましょう、と請け合い、切符の買い方にはじまり、その種類、路線図、運行時刻などの案内を出した。その延長線上に、宿泊、土産、観光案内のサービスも続く。

世界で一〇億人以上の利用者がある最強のモバイルアプリケーションの一つ、ウイチャットの呼びかけは異常ともいえる風景だった。他にも多くのアプリケーションがあるのに、なぜウイチャットか？

なぜパリ市と中国企業がオリンピックで協賛するのか？

中国人旅客は、まず地下鉄構内にあるＱＲコードをダウンロードして旅を始めてください、と具体的に呼びかける。

だからだろうか、地球最大のｎｅｔ旅行会社Ｑｕｎａｒによれば、オリンピック

地下鉄駅構内。いらっしゃい中国の皆さん。「ウィチャットをダウンロードして下さい」の表示。

を機会にパリを訪れた中国人観光客は、例年の三倍。宿泊費は四五％高くてもパリだけの予約は前年よりも一〇五％増加し、団体より、個人旅行のほうが五倍増だった、という。だがそれだけでは終わらなかった。

オリンピック閉会直後に、中国知的財産登録コラム（二〇二四年八月一二日）は、オリンピックとは世界のスポーツ選手の対決の場だけではない、それは科学技術と、世界の有名ブランドの対決の場でもあったと報じている。例えば、ＬＥＤディスプレイ、周辺製品、競技場に設置したクラウドを利用する中継機器などの「メイド・イン・チャイナ」はパリ五輪に華々しく顔を見せ、中国のブランドの強さを披露した。

なかでも、開会式のドローン一一〇〇基の演出は、花火、レーザー光線、発煙などの装置をつめこみ、これまでのドローンより華やかに夜空を飾った。雨が降るという偶然のチャンスを生かしながら、本物の火ではない電気の灯は、強い味方となった。

雨に濡れながらも、夜空を舞う光線は身じろぎもしなかった。中国製のドローンとその飛行演出の素晴らしさは、各国のスポーツ大会などですでに披露されてきたが、オリンピックはメイドインチャイナの強みを、世界的な規模で同時中継という味方を得て、一挙に世界中に知らせるまたとないチャンスだった。

ドローンの生産は深圳《シンセン》高巨創新科技開発有限公司、LEDスクリーンはAbsen（アブセン）社の製品だ。セーヌ川両岸のあちこちに造った無料ファン観戦エリアやパリ市役所広場などにも五〇枚ほどの大型ビジョンを提供して市民サービスに励んだ。

エッフェル塔のプロジェクション、中国技術の見せ場

　パリ・オリンピックは誰の目にも「中国のテクノロジー」を見せるチャンスと

野菜と果物を配送する中国スーパーの車（2024年）

して記憶されたにちがいない。

また、このオリンピックで名を上げたのが、中国の宅配業者だった。

フランスの宅配に使う車の企業名はアルファベットで表示してあるが、オリンピックを前にしてはじめて「新今日　超市」、新今日と言う名前のスーパーマーケットと漢字が見える車と出会った。野菜と果物を配送する貨物車だった。

それだけではない。アパレルの店（カジュアルでユニクロにちかい）、土産屋、食品店などにも漢字表記が並び始めた。衣料品の八〇％が中国製ということは周知の事実だが、中国製と分からせる漢字を表面にだす専門店（衣料、縫いぐるみ、玩具、スポーツ用品、幼児用品）がいつのまにかフランスに勢ぞろいしていた。特にマスコットを先頭に縫いぐるみは全てmade in chinaだった。オリンピックを契機に強力な政府のバックアップがあったにちがいない。

8

開催費用はスリムだったが

WolletHub（世界最大のアメリカの個人向け金融会社が提供するウェッブサイト）の情報によれば、これまでのオリンピックにかかった開催費は：

二〇二〇年東京――――二〇〇億ドル。日本円で三兆円を超す出費とも。

二〇一二年ロンドン――――一七一億ドル。

二〇一六年リオデジャネイロ―　五六億ドル。

パリの開催費は一一四億ドルだったから、かなりスリムな出費だった。エコを謳い、既存のスタジアムの改修をメインに、新しいスタジアム建設は三カ所だけだったのだ。

パリオリンピック競技場建築で興味深いのは、仮設のグランパレ・エフェメールだった。一九〇〇年の万博時、最先端の鉄とガラスの素材で建てたグランパレは国の豊かさを誇るためだった。ガラス天井の展示場（グランパレ）をパリオリンピックでは改修してフェンシングとテコンドー競技場になった。

グランパレ・エフェメールは、展示会場グランパレを競技場に改修する期間を補

グランパレ・エフェメール、正面にエッフェル塔

うために、ほぼ同じ形で作った建物だ。

グランパレの親と子の関係にあるような外観をしたグランパレ・エフェメールは、鉄ではなく木の構造で、しかも五つのモジュールで一万㎡の空間をプレハブ工法でたった三カ月でつくりあげた。新たな仮の館は二一世紀というのに、木材とプラスチックシートを組み合わわて作ったものだ。

オリンピックが環境に負荷をかけないという理想に応えるためだったが、この2つの素材がつくりだす仮設のインテリアは目にもやさしく新鮮だった。オリンピック開催までは各種の展覧会などを開催していたが、本家のガラスのグランパレ改修が終われば解体、そして再利用の運命にあった。ところがこの美しさをそのまま維持し、オリンピック競技の柔道とレスリングの試合会場になる幸運に恵まれたのだ。だが、二〇二五年四月には解体の予定という。

設計は建築家ジャン・ミシェル・ヴィルモット（Wilmotte & Associés）。

仮設の競技場の数が過去のオリンピックより多かったのも，パリオリンピックの特徴だ。リオデジャネイロのように、巨大な競技場ができたのに、オリンピック後

グランパレからグランパレ・エフェメールとエッフェル塔を望む

木の構造のグランパレ・エフェメール

に使うことなく無駄に終わる過去の例を避けるためだった。

したがって設計段階から解体と再利用を組み込んだ。解体し、オリジナルよりも少ない部品で、小型の競技場に組み換え、地方自治体に提供。建築素材は無償だが、再建は地方都市の予算で。移転再建の競技場に、オリンピックで活躍した選手の名前をつける、という。

改修と仮設、そしてリサ

イクル、という計画が総予算をスリムに導いた。東京よりはるかに少ない予算だった。

9

トヨタ契約打ち切り。中国が救うかオリンピック

ＩＯＣ（国際オリンピック委員会）の収入の九一％は、スポンサー契約三〇％、そして放映権の販売の六一％からなっている。

そのスポンサーでも、これまでになかった異変がはじまった。二〇二四年パリオリンピック競技での中国の存在感は一躍世界のトップに登り詰める勢いだ。中国二社が最高額のスポンサーとなり、四〇社がユニフォームや土産商品製造をうけもち、ＩＯＣは中国なしでオリンピックは考えられないと語る。中国政府がスポーツという文化振興に興味をしめし、このオリンピックを契機に国際的な文化、経済交流を目ざしたようだ。

中国の台頭は、パリの地下鉄案内にも見たように、中国語で情報を観光客に提供するウイチャットのサービス、という入り口からはじまり、地下鉄構内でＷｉＦｉに繋ごうとすればフランス語、英語そして中国語が表示される。国有蒙牛乳業（ミルク製品会社、スイス、デンマークの会社とも提携する国際企業）はオリンピックではネスレと並んで最高位のスポンサーであり、このスポンサーは二〇三一年まで継続の予定だ。

競技会場では競技を美しく演出する照明がついた卓球台、ナノ防汚《ぼうお》・抗菌コーティングした柔道やレスリング用のマット。このマットには選手の運動中のパワーやスピードなどの情報をリアルタイムで収集するスマートチップが搭載されている。など簡単な用具でありながら、健康、エコ、に配慮した最先端の中国製の機器機材を披露する。

競技の実況を写すジャンボスクリーンを提供したアブセン（absen）はもとより、同じくジャンボＬＥＤスクリーンはユニルミンの提供。スポーツの世界大会といえがユニルミンといわせるこの中国企業の機材が演出する世界は、スポーツを越えてアートの世界を作り上げる、と評価されるまでになった。

コスチュームも合わせればパリ大会に協賛などの形で関わる中国企業は約４０社に上った。

この中国の台頭を促したのは、最高のスポンサーだったトヨタが、パリ大会を最後に一〇年間のスポンサーを降りたからだろうが、ブリジストン、パナソニックもまたトヨタを追った。

パートナー契約は一〇年だが、一〇年目を契機にトヨタが契約更新をしなかった理由は、資金が「アスリートの支援やスポーツの振興に効果的に使われていない」からで、しかも日本オリンピック委員会（JOC）の招致にかかわる贈収賄疑惑、デザインの盗作疑惑、スタジアム建設の過重労働疑惑などが、重なったからだ。その後のドタバタは現在もまだ続いている。

もちろん競技場に企業の名前は表示しないという、広告効果を望めないのも理由のひとつだった。

10

平和の祭典が戦下の祭典に。異常な警戒体制

二〇二〇年から二〇二一年にコロナで苦しみ、二〇二三年からは、ロシアのウクライナ侵略、パレスチナとイスラエルの紛争にかかわってヨーロッパ、アメリカ、いや世界が巻きこまれる先がみえない戦時下にある。

国連で休戦が採決されたのにもかかわらず無視され、国際機関は機能不全といういまだかつてない無様な実体を世界に見せた。この窮地に陥っている空の下で決行されたのがパリオリンピックだった。

さらに、古代のオリンピックの前後三カ月間はギリシャ全都市国家が争いを休止したことを見習い、その精神を現代に生かし世界平和に貢献するのがオリンピックの精神だった。だがイスラエルの暴虐、ロシアとウクライナ間の戦闘も止まらず、更に悲惨な状況が続いた。

世界平和に貢献できないオリンピックだったのも批判の対象だった。

ガザ戦争やウクライナ戦争が、イスラム教、ユダヤ教、そしてキリスト教と、三大宗教のすべてが戦渦にまみれる戦いに拡大した結果、ヨーロッパでもテロへの緊張は日ごとに高くなり、フランス政府は、二〇二四年にパリを訪れる数百万人を守るためには、ＡＩによるビデオ分析が不可欠だと主張し、国家の監視権限を拡大した。

監視権限拡大の効果、つまりフランスのセキュリティー技術は、世界が注目するテレビ放映のおかげでその実力を示すチャンスに恵まれた。心配をよそに、パリオリンピックでのテロはなかった。このシステムを製作した企業が世界市場に打って出る日は近い。その理由は事前に多くの隠れた逮捕者を拘束できるソフトウエアがあったから、と推測したくなる記事が目に飛び込んだ。

週刊紙『Le Journal du Dimanche』は、オリンピック関連の求人やボランティアに応募した「危険な人物」を逮捕し、その中に「イスラム過激派」が二五七人、極左活動家一八一人、極右人物が九五人がいた、と報道している。さらにBFM放送局（フランスのニュース専門局）は、オリンピック期間中に「大規模な社会不安を巻き起こす行為」を企てた疑いでロシア人を逮捕した、とも報道している。セキュリティーシステムが大会以前に、危険要素を排除できていた、としか思えない。

パリはテロには驚かない。二〇一五年に起こったバタクラン劇場の殺戮はいまだに記憶にあたらしいほど、頻発した事件に対応してきたパリ警察の警備は、オリンピック成功への道標でもあった。ドローン攻撃にそなえてレーダーを完備、と空への警備体制も充分だったようだ。もちろん目にみえる警察官、爆薬探知犬、銃をかかえた兵士の姿は至るところに配備された。セーヌ川沿いが警備地点だったが、ダイバーは水中もパトロールした。水深六メートルはあるセーヌ川だから、日ごろから身投げの捜索のためのダイバーは待機しているが。

警察官は三人ひと組が通常勤務の姿だが、散歩姿の彼らは時々、大通りに面したコーヒー店に入り、トイレを借りすぐさま出て行く、といういじらしい仕草も見かけた。だが、オリンピック終盤には飲み物を買って、ゆっくり過ごす姿にかわり、警備にゆとりさえあったほど、危険を事前に察知できるプログラムが完備していたのかもしれない。

といっても国内どころか近隣四〇カ国、イギリス、スペイン、ドイツ、韓国、カタールなどから警察官、約八万人の応援を仰いでいる。だが最重要課題はドローン

ずらっと並んだ警察車両と検問をする警察官、サンルイ島で

によるテロだった。

警備体制として、気配からテロリストを割り出そうと、ＡＩを搭載した数百台のカメラが多くの人が集まる場所や公共空間を監視した。不審な行動を検知するとアラームがなるシステムが採用されたのだ。それは、オリンピック直前になって、「二〇二四年オリンピック法」（Loi JO 2024）が可決された結果だ。

この最先端の警戒システムは、オリンピック後も稼働している。システムを開発したセキュリティー業界の世界進出へのチャンスだろう。いや二〇二四年のパリオリンピックは、フランスのセキュリティー・モデルを世界的な大舞台で試すまたとないチャンスだった。ドローン攻撃を予測して警備当局は、開会式当日の一九時から〇時までの五時間、パリから半径一五〇km以内の上空での飛行は、飛行高度に関わらず禁止された。

11 サンルイ島住民の悪夢、籠の鳥

開会式は選手団が船に乗りセーヌ川を入場行進する。オリンピックの歴史が始まって以来のスタジアム外での行進だから、川沿いの約一〇キロを「テロ警戒区域」（グレーゾーン）に指定し、立ち入りを厳しく規制した。テロの予告がどれほどあったかを想像させるが、それに対処する方法は、こんなコンピュータが築いた世界というのに、数千年前と同じ柵で囲むという手段だった。テロリストも住民も、一歩も柵をはみ出してはならなかった。

セーヌ川岸の水際からアパートなどの建物までの土手は高さ一メートル、一・五メートル、二メートルと極細の三重の細い金属の、まるで鳥カゴのような柵で囲まれ、住民は籠の鳥になった。その柵の数は四万四〇〇〇基だったという。住民の不便さは、考慮の外だった。

だからオリンピック終了後のセーヌ川の土手あるいは周辺のあちこちに役目を終えた柵が積み上げられていた。

セーヌ川にかかる橋の上の特別席。住民が入れない金属の柵。サンルイ島

2メートルの金属の柵。サンルイ島

セーヌ川上の赤い特別席。金柵で警備。遠方からは透明に見える。

12

開会式の特別席

参加選手団の船は、パフォーマンスの船と一緒にセーヌ川をエッフェル塔まで下る。セーヌ川両岸に設置された開会式の観客席一〇万席はそれぞれ九〇ユーロ（一万四四〇〇円）から二七〇〇ユーロ（四三万二〇〇〇円）だったが、四時間かかる観光客船の席は二万五〇〇〇ユーロ（四〇〇万円）と高額だった。ボッタクリ放題の席のおわびに、パリ市庁舎前庭など三〇万の無料席があったのは、企画側の事前のおわびだろう。

特別な招待客だけが、セーヌ川を行く選手団行進の景色を楽しんだ。それはセーヌの河川にかかる橋の上に組み込まれたまっ赤な観覧席だ。それを利用できたのは、一〇〇〇ユーロ（一六万円）払える金持ちだけ。赤い開会式鑑賞特別席椅子は川の流れを遮るように並ぶ。火薬探索犬が警察官の指示にしたがって椅子の下をかぎまわっていた。川岸の流れにそった方向にも赤い椅子より安い、青い観覧席も並んでいた。

金属の柵は開会式一週間前から設営がはじまり、日ごとに一枚、二枚、三枚、と

特別席のための手洗い。水道も川岸にできた。

特別席のためのトイレ

作業が進むごとに住民が通過できる路面が狭くなり、最後は人が通ると柵に体が触れるほどだった。蟹の横歩きで川沿いのアパートに入る人影もあったが、彼らは逃げ出さなかった住民ではなく、三階以上のベランダからタダで開会式を観覧するために金持ちにアパートをレンタルした金持ちの観光客。もちろんセーヌ川に架けた赤い椅子よりも心地よい観覧席だったにちがいない。

選手入場船が、セーヌ河を下りエッフェル塔近くまでにかかる時間は四時間。その間の不都合がないように、特別席の近くの岸に充分な数のトイレと水道付の洗面所が設置され、子供のための便器も小型の飲料売店もそろえて、という至れり尽くせりの配慮だった。しかも川の流れの向こう側には中国製のジャンボスクリーンがある。特別席とはいえ、河を下ってゆく船の運行の四時間すべてが眼の前で見えるわけではない。ジャンボスクリーンは船が見えなくなったら、スクリーンでどうぞ、という寸法だ。

それだけではない、岸を這いめぐった禁断の柵にしがみつく、無料の観客へのサービスでもあったのだ。

13

逃げ出した住民と悪夢の通行許可証

競技は七月二六日から八月一一日までだったが、厳重警戒は七月一八日、一週間前から始まった。とはいえ、サンルイ島では、三重の鳥カゴに囲まれる前に、富裕な住民は別荘か地方の友人の家に逃げ出していたから、残ったのは喫茶店、コンビニ、薬局だけ。肉、野菜、パン専門店のシャッターがおりた。オリンピック開会式当日、島は全店営業禁止命令がでるほど島民は厳重な移動禁止の中にいた。開会式をわずかでも見ようと三〇万人が岸に添って押し寄せるだろう、とパリ市は予測したからだった。

島は人っ子一人通らない砂漠状態になった。人影も犬さえいない歩道に警察の車四五台が並んだのは開会式当日の朝。警察の駐車場かと疑いたくなる風景だった。警察官はおそらく川岸に配備され、パトカー周辺にその姿はない。パトカーで埋まったサンルイ島は異常な雰囲気に包まれた。

七月一八日から、サンルイ島の住民は、島に出入りする橋で、通行許可証（PASS　JEUX）を見せ、時にはパスポートも要求された。その通行許可証は、セーヌ川の左右に沿うグレーゾーン（一〇キロ内）の住人八万人が要請し、四万人が受理

進入禁止の木製柵

されたという狭き門だった。

　通行許可証は、市役所あるいは町内会、あるいはアパートの住民組合がメールで個人宛に申請書を送付し、QRコードから書類フォーマットをとりだし、氏名、住所、生年月日を記入すると、「申請を受け付けました」の返事があって待つ。許可証の知らせがスマホにつくのに最短で三〇分だった。フランス国籍があり、なおアパートの持ち主は三〇分、そしてアパートの賃貸人は一日、外国国籍者は三日、という時間差処置だった。スマホがなければ、区役所にでかけて住居証明書から紙の手形をつくってもよかった。

万が一、申請しても七月一七日までに許可証が届かない場合には、検問でスマホの申請画面を示し、パスポートとサンルイ島の住所がある郵便封筒、あるいは電気料金の領収書をみせればよいとの指示があった。

スマホに許可証をいれたまま画面を警察官に見せてください、だがプリントアウトして常時携帯が望ましい、と注意書きがある。友人はプリントした紙の通行許可証をプラスチックでコーティングし、記念の団扇がわりにするさ、と胸にかかえ嬉しそうだった。残念ながらそれほど暑い日はなかったが。

通行許可証のデザインはモダンだった。オリンピック協会が依頼し、オリンピック精神を表現する新たなデザインモチーフだったのはせめてもの慰めだった。


検問はセーヌ川の両側にかかる橋の手前と橋の直前の二カ所。手前に警察官が火薬に特化した犬と一緒に通行人を待ち受ける。警察官三人が道をさえぎり、通行許可証提出と荷物検査があったが、手提げ袋をあけるふりだけでも許可がでた。ただし、検問の厳しさは人種によって異なったのは、いつもの通りだった。

セーヌ川岸の警察官

パトカー 45 台が並ぶサンルイ島

また、さほどの緊張はないのに、通行許可証をもたない観光客はどんな理由があっても追い返され、引き返さざるを得なかった。橋の向こう側、川の右岸から左岸に渡るには、八キロほど岸を迂回しなければならない。バス運行もまばらになったパリの移動は不便このうえない日々が続いた。

パリの住民はいなくなった。もちろんテレワークで、バカンスでも、さらにオリンピックで住民は消えた。

14

収容された難民

住居証明がある市民は、パリを逃げだしたが、強制的にパリから移動させられた人々も多かった。それは二〇二三年の四月にはじまり、二〇二四年九月のパラリンピックの終わる日まで、パリに住み着いた難民たちが築いた路上のテント、貧民街、橋の下など、二六〇カ所から一万九〇〇〇人が郊外の施設に強制的に収容された。観光地、華のパリの貧困を見せたくなかったからだった。

北京オリンピックでも見せた臭いものには、蓋をする方式だった。

路上の難民テント。パリ・第六大学の近く（2023 月 8 月 19 日）

15

鳥カゴのような柵にしがみついて

最悪だったのは、開会式の当日の夕刻だった。それまでは、たとえ検問があっても二四時間、サンルイ島に出入りができた。ところが開会式の午後一時からは、どんな理由があろうと、警備のトップからの指令がなければ、開門してはならない、と命令がでていた。

その命令に気がつかなかった住民の多くは、いつもの通り通行許可証で出かけ、サンルイ島に戻るために通り抜けようとしたが、岸の手前で何が何でも橋を渡って島に戻ってはいけない、と警察の抵抗にあった。車いすを押した男性が、この妻だけでも家に帰らせて欲しいとの懇願をよそに、住民は新たに設置された柵の外で、警備のトップの指令をまたざるを得なかった。

雨が降り出したのは、選手を乗せた船が出港する一九時三〇分ころだった。傘がないので後戻りしてどこか開いている喫茶店で待とうとしたが、喫茶店もまた、ばかばかしいといって店を閉めてしまった。それから一時間、雨に濡れながら、時々前にいる人の傘に頭をいれ、無理な姿勢で柵の隙間からジャンボスクリーンに目をやるしかなかった。柵にしがみつきながら、無料観客はスマホを片手にしながら、同時にジャンボスクリーンに、と忙しい観戦だった。

セーヌ岸のジャンボ・スクリーン：上・開会式以前は裏を
下・開会式前日から表に

理不尽な命令にしたがったままの観戦だったが、それでも市民は船上から手を振るフランス選手に拍手を送っていた。時々ブラボーの声さえ。

二〇時一〇分ころサンルイ島の横を参加選手とパフォーマンスの船、警備船からなる船団の全てが通り過ぎて、はじめて開門となったが、それでも通行許可証は必須だった。

七月二六日、島に残った市民は、オリンピックの安全のために自由をうばわれた不満をなげきあった。船団の安全を確約する警備だったが、住民の安全は警戒の範囲ではなかった。

16

ジャンボスクリーンは首がまわる。なぜ右岸に

七月一八日の午後、セーヌ川岸に不思議な台車に乗ったスクリーンが現れた。移動式ジャンボスクリーンだ。それがオリンピックのためとは想像できなかった。というのは、例年この季節はセーヌ川の岸は、パリ・プラージュ（パリの浜辺）というバカンスに行けない子供が浜辺ですごす気分に浸る催しがあるからだ。玩具や絵本図書館が数キロメートルも川岸にならび、大人のペタンクという伝統的なゲームも交えて、束の間の喜びの空間が展開することになっていたからだ。

このスクリーンの正体が分かったのは、開会式の前日、スクリーンの画面がクルリと川面に向いた時だった。そこにＬＥＤスクリーンメーカーのＡｂｓｅｎ（アブセン）の名前があった。中国のＬＥＤスクリーン生産とそのソフトウエアで世界的に活躍している企業だが、パリオリンピック以前の北京オリンピックでも、国際的なスポーツ会場でもＬＥＤ画面を提供してきたメーカーだ。

パリ市内の土産店、スポーツ用品店、オリンピックスポンサー商品店、安全装置、そしてまたスポーツ観戦画面の装置とそのソフトウエアも中国の活躍が目立ったが、セーヌ川のジャンボスクリーンもまた中国健在を世界に示した。

セーヌ川ではスクリーンを水面側にむけた。それはパレードを指定席で見られない庶民に、岸の柵にしがみついて御覧なさいという配慮だった。本物のパレードが島の反対側の水路を進行しているというのに、目の前のスクリーンで一〇〇〇キロ先のテレビ鑑賞者と同じ景色を見よ、という施しだったのだ。不思議はさらにつのる。船の運行が、いつもの船舶の動きとちがった。船舶運航規則に従えば、このスクリーンがなくても開会式の船の行列は見えるはずだった。

パリ観光で目立たないが気分よく予想外の景色に恵まれるルートに、セーヌ川観光がある。船のデッキで地上を走る観光バスよりはるかに下からパリの景色を楽しめる。そのルートはサンルイ島が折り返し点だ。島の先端を、ノートルダム寺院を後にして右から左側にまわり、セーヌ川を海に向かって下る。つまり船は右側通行。これが国際的に統一されたルールだから、パリでもその規則に従って船は上り下りする。

この規則通りに開会式の船団がセーヌ川を下りエッフェル塔までゆけば、当然サンルイとシテ島の、右側を通らなければならない。ところがパレードは逆にサンルイ島の左側を通って、シテ島の右にまわりこんだ。おそらく規則違反をしなければ、パリ市が世界に披露したかったパリを代表するゴシック建築、ノートルダム寺院の美しい姿が楽しめないからにちがいない。当然、セーヌ川を行き来する貨物船などの運航を禁止していたにちがいないが。

17

無料でミニ・オリンピック。市民参加のテラス

公共の建物には広場がつきものだ。ヨーロッパはもちろん、日本の神社や寺には様々な行事に使う広場がある。めぐってくる季節の祭りで楽しんだ思い出は誰の心にも刻まれているはずだ。ところが近年の都会にできる公共の建物には広場がない。最悪は東京都庁だ。浄水場跡という広大な敷地であるにもかかわらず、近隣の建物ともまじわらず、不毛な空間だけが、まるで残り物のように広がる。最寄りの駅からのアクセスの悪さ、バス停の不便なことにも辟易《へきえき》する。都民サービス、いや都民の広場の影も形もない。

ノートルダム寺院の前広場も、パリ市庁舎前の広場も、季節ごとに市民サービス明けけ暮れる。冬はアイススケート場に、夏は観覧車、市民のがらくた市場、噴水、バレーボール競技場など、ありとあらゆるたのしみで市民を歓迎する。市庁舎には、土産物売り場、ギャラリー、観光案内、などもそろい、路面から内部の売り場に向かう三段だけの階段の横に小さなエレベータまでそろえている。

オリンピック主催者のパリ市は、パリオリンピックを記念して七月一四日から九月八日まで五一日間、二五〇〇人を収容するオリンピックテラスという名前の広場を作った。そこで、居残りの市民はもちろん、地方からの上京客、外国人観光客

17　無料でミニ・オリンピック。市民参加のテラス

パリ市庁舎の前庭。テラスのオリンピック競技観戦スタジオ。２カ所のひとつ

パリ市庁舎の前庭。車椅子テニスの体験コート

パリ市庁舎テラスの子ども体験コーナー。スケートボードでだるまさんが転んだ。

などにミニ・オリンピックを披露し、オリンピック参加気分にひたらせる行事を五一日間つづけた。テラスは、子供向け、障害者向け、高齢者向け、と誰もが参加できる配慮をし、行事によっては六〇〇〇人まで来場者を増やした。

テラスは無料で、六〇〇〇人がオリンピックをテレビ画像でたのしむための屋根がほとんどない設計だが、高温の日には陽のあたる場所にむかって空から冷たい霧が降ってくる。なんとも心地よい冷房サービスつきだった。

テラスでの市民サービスは、ラグビー、ブレイク・ダンス、ピラティス、スケートボード、クライミング、車椅子テニスなど。文化行事では工芸家を招き、食はベジタリアン向け料理、オーガニック料理を屋台で提供し、ペットボトルではなく、カップを借りて近くの水道で水を飲み、カップを返す、というエコの試みを推進し、点字のサインも欠かさなかった。

テラス会場の水飲み場

子供向けスケートボードの練習会場では「だるまさんが転んだ」のフランス語版をみせ、幼子が初めてのスケートボードを恐る恐るすべる姿をみせながら、付添の親を喜ばせたり、水泳の練習を地面でやったり、車椅子テニス体験があったり、とこれもまた至れり尽くせり。オリンピックという競技大会があることさえ忘れるくらい、毎日通う子供もあるほど連日満杯だった。

もちろん巨大なオリンピック・ライブ中継用

のスクリーン二面が中心となる会場設計だ。中継がない日にはこのステージは音楽やダンスのライブ会場になった。

オリンピックテラスの運営は、
＊オリンピック開催前の木曜日から土曜日が二四時まで。
＊オリンピック開催期間は毎日深夜まで。
＊パラリンピック期間中も毎日一〇時〜二四時まで。

深夜まで市民と付き合う企画も主催者の市民への配慮だが、それほど心を配ったのは、厳重警戒区域の中にあったパリの住民が、せめて通行許可証を胸にかかえて、警戒ゾーンと接しているパリ市庁舎前庭に足を運べるように、との思いやりだったのかもしれない。とはいえこのテラスの観客の大部分は、選手の家族と競技関係者、フランスの地方からの観光客、選手応援の小グループ、などだった。試合によっては三色旗と赤い中国旗がひるがえった。

スポーツ観戦目的の観光客にとってのボッタクリ（入場切符、交通費、ホテル代金、

パリ市庁舎前広場の無料観覧席

駐車料金）は明白だったが、パリ市はもう一つのサービスを忘れなかった。この会場のあちこちにチョッキの制服姿で歩き回っていたボランティアの親切だ。写真撮影、道案内、スマホを開いてどんな質問にも答えようと努力した。少しだけ困惑気味に道端に立ち止まる外国人に、何かお困りですか、と問いかけるサービスで助かった観光客は多かった。ということは普段のパリでは、困った外国人に声がかからないパリだったのだ。

18

批判にさらされたパリオリンピック

1　ギリシャ『Ethnos』紙は

パリオリンピック後の市民にオリンピックで何が変わった？　と聞けば、スポーツに興味がないなじみの観光客が逃げ、近所迷惑な騒音が響きっぱなしで、住宅の値段が高くなった、とおだやかな批判があるだけだろう。

ところが、パリ市民より深刻にパリオリンピックを批判したのは、ギリシャの『Ethnos』紙だった。オリンピック発祥の国、第一回アテネ大会を主催した都市から観察すれば、見るに見かねたパリ大会だったようだ。

痛烈に「パリ五輪の一〇の過ち」と歯に衣をきせない記事を書き、「フランス人よ、恥を知れ！」、「いままで見た事もない狂信的な愛国主義を振りまいた大会」、「数十年間でみたこともない最悪なオリンピック」と、開会式から閉会式にいたるまでの組織的な手落ちや不正をとりあげ、他国のジャーナリストを驚かせた。批判は観客へのボッタクリから始まる。

1　観戦客への〈ぼったくり〉は（フランスの『ル・モンド』紙でもとりあげたが）、ある観光客がコカ・コーラを注文したら七ユーロ（約一二〇〇円）という高額に驚き、さらに警察官に道を尋ねたら〝立ち止まるな〟とフランス語で叱られた、と報告する。

2　柔道やフェンシング、自転車競技ＢＭＸ、体操競技など、フランス選手に有利な審判が数々あった。

3　パリ・オリンピックのおおげさな商業主義。

4　主役はエッフェル塔？

ギリシャは首都アテネで開催したオリンピックだったから、パルテノンや古代の遺跡など数多くの歴史遺産があった。しかし、そのどれ一つとして観光客誘致に使わなかった。だがパリ市はオリンピックでフランスの歴史遺産を背景に観光振興に邁進していた、と怒りを顕にした。

しかも、そこにはみっともないほどの愛国主義がみなぎり、さらに、テレビの画面のどこを見てもエッフェル塔ばかりだった。フランスの週刊誌『パリ・マッチ』

〈Paris Match〉でさえ、〈柔道？ エッフェル塔が映ったよ、自転車競技？ エッフェル塔が泳ぐの？ だってエッフェル塔が主役なんだから！〉と皮肉いっぱいの記事を掲載している。

〈陸上男子二〇㎞競歩の会場で選手が一九回もエッフェル塔の廻りを歩かなければならなかった、というのはテレビ観戦の皆さんに鉄の造形物を見せるためだったのか。しかも水質に不安があるセーヌ川で選手を泳がせるとは〉、と厳しさは他国より激しい。

2　エッフェル塔の五輪

エッフェル塔のイメージをパリオリンピックの主役にし、塔に巨大な五輪が輝き、閉会式と同時にパリ市長はこの五輪をオリンピック成功のシンボルとして二〇二八年までエッフェル塔に掲げたままにしたいと発言し、反対の大声があがった。

塔の所有者はパリ市だからＩＯＣが賛成すれば、それも可能だろうが、エッフェル塔をパリ市に寄贈した由来からしても遺族にも意見を求めるべきだった。エッフエルの遺族は、塔は塔のままでありたい、と答えた。遺族はもちろん反対をとなえる人々は、「このパリ市長の目には、鉄の塔は広告のための壁でしかなく、五輪はコマーシャルの印にしか映っていない」、と批判した。

パリ市は鉄でできた三〇トンもある五輪マークを九月二七日に下ろし、軽い素材で造りかえ再び塔に戻す予定をたてた。というのは、厳寒の気候にも、強風にも耐えるように設計してなかったからだった。

凱旋門に掲げたパラリンピックの赤、青、緑の半月のマークは、リサイクルされた鉄でできているが、これは門から降ろされ、オリンピック村だった地域にできる〈プリズム（Prisme）〉と呼ぶフランスでは初めての障害者のための高度な競技にそなえた訓練スポーツセンター（パラスポーツ）に贈られ、二〇二五年の初めにはその建物で輝くことになる予定だ。

イダルゴ・パリ市長がオリンピックのマークにしがみつくのは、パリオリンピック成功を永遠に記念しながら、それにもまして彼女は次の市長選挙に出馬しない決心をしたからだろう。パリ市にたいする最後の功績をエッフェル塔と五輪に託したかったにちがいない。

3　アメリカの目論み

アメリカの三大ネットワークのひとつNBCと動画配信サービス、「ピーコック」（Peacock）が製作した開会式の映像は、アメリカのチームにハイライトが当たる配慮があったのも問題だった。

というのはNBCには、生放送の担当、ゴールデンタイムの再放送に向けてグラフィックス、声の微調整、そしてストーリーテリングのために、腕利きのスタッフ四〇名が待機していた。

セーヌ川を下った船には、カメラ一〇〇台と携帯電話二〇〇台があったが、そのうち四五台が六三一人のアメリカ選手団を写す位置に待機していた。選手団が着ていたのは公式ユニホーム「ラルフ・ローレン」。

大雨にも関わらず、最大の人数を誇った選手達は、定員オーバーではないかと危惧されながらも上段と下段にわかれて星条旗を振りながら笑顔で歓声を上げての行進だった。

4　女性をパロディーに

出場選手の男女の比率が五〇％ずつという目標を掲げ、マラソンの最終競技を女子に、とジェンダー平等に工夫があった大会だったが、その効果があったか、といえば、その反対に怒りに燃えたジャーナリストが大声をあげた。

放映のためのカメラワークは、平凡でもなければ男女差別にもならないように、パリオリンピック組織委の放送担当者は配慮したという。一二八年のオリンピック歴史のなかで女性の競技がはじめてゴールデンタイム（どの国でのゴールデンタイムかが問題だが）のスポット放送に迎えられた最初の年となった。

だが、批判はあいついだ。カメラマンや映像の編集者は男性よりも女性のクローズアップショットを数多く放映したようだ。それはエリートの競技者がそこにいたからであって、彼女らがエリートだからであって、彼女達がセクシーとか魅力的に見えたからではない、と強調しながら、クローズアップになった原因は「無意識の偏見」によるものと組織委は説明する。女性アスリートの映像で多くの批判が集まったのは中国代表女子シンクロ板飛び込み二人の選手のまっ赤な水着姿だった。

5　観客は消えた。パリはどこに行ったの？

東京オリンピックが開催されるはずだった二〇二〇年には、ことにパリに住む市民にとって「この世で一番美しい街」といった幻影をパリに抱くような雰囲気はなかった。

だが、市民が抱く予測とはかけ離れてパリの歴史遺産は飾り立てられた。テロやコロナ、戦争を忘れさせようと、息を呑むような開会式と閉会式の間に競技は進行し、パリのイメージはあっという間にこの世の美を代表する街となって世界のメディアを潤した。

オリンピックを眼の前にしてマクロン大統領は六月末に国民議会を解散して政治不安をあおり、そのわけのわからない行為にパリ市民はパリの日常をすっかり忘れてしまったようにみえた。

だが彼らが開会式でみた映像、パリオリンピック組織委員会の視聴覚部門、オリンピック放送サービスが制作した映像、つまりテレビ視聴者向けのテレビ画面は、ディズニーランド好みのおとぎ話、ナショナル・ジオグラフィック好みの歴史ドキュメンタリー、そしてルイ・ヴィトンの広告などを組み合わせた、おとぎ話的な映像に仕立て上げられ、世界の視聴者に振りまかれた。

フランスの日刊紙『ル・モンド』(Le Monde)の記事によれば、〈開会式というイベントのための最高額の寄付をしたLVMHグループ(七五の高級ブランドの集合体)の要求があり、開会式の放送の最初の一時間にルイ・ヴィトンのトランクメーカーの職人技とノートルダム寺院の改修職人の手作業が放映されることになった〉。聖火とメダルを輸送するトランクのダミエ模様(市松文様)は明らかにルイ・ヴィトンを象徴し、ノートルダムとルイ・ヴィトンの両職人のクローズアップが交互に放映されたのは、最高額寄付者が望んだコマーシャルな物語だった。

パリは「金融化され」、「社会的に均質化され」、「ますます人工的」になっている、とアセンヌ・ベルメスーもパリ・オリンピック批判のエッセイで語り、スポーツで世界を驚かせようとしたこの都市は、豪奢な不動産と〈デラックスの巨人〉の主張がまかりとおる都市でしかなくなった。

19

後はどうなる、オリンピック村

オリンピック村はサン・ドニにあった。パリの北の端にあり、移民、難民の多い、犯罪の絶えない問題の多い街だった。新たな町おこしだったオリンピック村、いやオリンピック関連の建物群を、今後の地域発展に役に立てよう、とパリ市長は願う。

・オリンピック・パラリンピックの五週間を振り返ってサン・ドニ市長は、今後「失敗だけが目立つ漫画のような街」と誰も言わないだろう、と胸をはる。

「サン・ドニはドゴール空港、ブルジェ空港に近く、パリ観光客のためのホテルを建設して二〇三〇年までには数千の部屋があるパリでも有望なホテル街にする」。

オリンピック村には、

- 五二ヘクタール、七〇のフットボール場の面積
- 六〇〇〇人のオリンピック協力者の住居
- 二八〇〇戸のうち二〇〇〇戸は家族が住める住宅、八〇〇戸は高級な住宅
- 学生宿舎
- ホテル
- 六ヘクタールの緑地公園

●六〇〇〇人雇用の一二万m^2の商業ビル
●三二〇〇m^2の商店街

などがそろっている。障害者がどこにでも出かけられる住宅と心を配り、環境保全と省エネルギー村の建設を試みた。オリンピック後には未来の都市、そして機能的で環境配慮型の都市を目ざした。

とはいえ、大きな施設の再建は進んでいるが、オリンピック村の解体工事と再建の様子はいまだあきらかではない。

オリンピックを契機にしたスポーツ振興でも問題がおきている。オリンピックに参加した選手からは、驚くほどの批判と失望の声が湧き上がったのだ。政府は二〇二五年のスポーツ予算を三三％も削減したからだ。政府内の混乱が続き二〇二五年度の予算の承認は混乱を極めた。

〈スポーツ大国フランス〉の掛け声はどうした、と元選手四二五名は予算獲得のための請願書を政府にだした。確かにパリ市がオリンピックを招致し、そのおかげでスポーツクラブへの関心が高まり、クラブ入団への希望者は二〇％増えた。それは確かな手応えだったが、競技修了後にスポーツ予算を減らすとはどうしたことか。国家予算のたった〇・二％にすぎないではないか。しかも自治体によっては五〇％も予算削減している、と。

フランスの元選手達はこう訴える。

- パリ郊外の地域からスポーツ施設が少なくなる
- だれもが通えるスポーツクラブも少なくなる
- 学校でのスポーツ訓練のチャンスが減る
- 競技を指導できる人間も少なくなる
- 高度な技術者であるスポーツ競技者も少なくなる
- これまでスポーツを支えてくれたボランティアへの敬意は低下する
- これは経済が問題ではなく、フランス自身が〈一緒に生きよう〉、〈フランスはすばらしいから〉と掲げた理想への怠慢だ

追いかけるように選手達を嘆かせたのは、胸に輝いた金メダルの不手際だった。

一〇〇個以上の金メダルの表面が剥がれ取り換えざるをえなかった。

メダルのデザインはエッフェル塔の建材である鉄の一部をフランス国家の形、六角形に切り取り、中央に埋め込んでいる。その鉄の色はエッフェル塔を建設した当時のブラウンだ。しかも、オリジナル製作はフランスを代表する宝石店ショーメであり、本番製作はフランス造幣局だったのだ。どこまでも、フランスの歴史遺産と高級品のイメージという国家の威信をかけたメダルだったというのに。

終わりに

ボッタクリ男爵は、パリを最後に引退する。その後継者の運営はどうなろうともパリオリンピック最終日のテレビ解説で「パリがみせた歴史ある都市文化をロスアンゼルスは、はたして見せることができるだろうか」という皮肉たっぷりの解説が耳に残る。オリンピックはスポーツの競争だ。だがいまや都市文化の競争であり、スポーツ観戦動員とは観光客動員と同義語となり、なお科学技術の競技の場に変身した。スポーツの国際的な競技大会は地球のあらゆる場所で開催可能となった今、テロに脅えながらのオリンピック開催に未来はない。

最後に、この出版を快諾してくださった緑風出版の高須ますみ様に心から感謝を申し上げます。

二〇二五年二月二〇日。

[著者略歴]

竹原あき子（たけはら　あきこ）

1940 年静岡県浜松市笠井町生まれ。工業デザイナー。1964 年千葉大学工学部工業意匠学科卒業。1964 年キャノンカメラ株式会社デザイン課勤務。1968 年フランス政府給費留学生として渡仏。1968 年フランス、École nationale supérieure des Arts Décoratifs。1969 年パリ、Thecnes デザイン事務所勤務。1970 年フランス、パリ Institut d'Environnement。1972 年フランス、École Pratique des Hautes Études。1973 年武蔵野美術大学基礎デザイン学科でデザイン論を担当。1975 年から 2010 年度まで和光大学・芸術学科でプロダクトデザイン、デザイン史、現代デザインの潮流、エコデザイン、衣裳論を担当。現在：和光大学名誉教授、元：長岡造形大学、愛知芸術大学、非常勤講師。

著作；『立ち止まってデザイン』（鹿島出版会、1986 年)、『ハイテク時代のデザイン』（鹿島出版会、1989 年)、『環境先進企業』（日本経済新聞社、1991 年)、『魅せられてプラスチック』（光人社、1994 年)、『ソニア・ドローネ』（彩樹社、1995 年)、『パリの職人』（光人社、2001 年)、『眼を磨け』（平凡社、監修 2002 年)、『縞のミステリー』（光人社、2011 年)、『そうだ旅にでよう』(2011 年)、『原発大国とモナリザ』（緑風出版、2013 年)、『街かどで見つけた、デザイン・シンキング』（日経ＢＰ社、2015 年)、『パリ、サンルイ島―石の夢』(合同出版、2015 年)、『パリ：エコと減災の街』（緑風出版、2016 年)、『袖が語れば』（緑風出版、2019 年)、『竹下通り物語』（2020 年）『パリから見た被災の世紀』（緑風出版、2024 年)、『谷崎『陰翳礼讃』のデザイン』（緑風出版、2024 年）

翻訳：『シミュラークルとシミュレーション』(ジャン・ボードリヤール著、法政大学出版局、1984 年)、『宿命の戦略』（ジャン・ボードリヤール著、法政大学出版局、1990 年)、『louisiana manifesto』（ジャン・ヌーヴェル著、JeanNouvel、Louisiana Museum of Modern Art、2008 年）
共著：『現代デザイン事典』（環境、エコマテリアル担当、平凡社、1993 年～ 2010 年)、『日本デザイン史』（美術出版社、2004 年）

ボッタクリンピック――パリオリンピック2024の裏で

2025年5月5日　初版第1刷発行　　定価2000円＋税

著　者　竹原あき子©
発行者　高須次郎
発行所　緑風出版
〒113-0033　東京都文京区本郷2-17-5　ツイン壱岐坂
［電話］03-3812-9420　［FAX］03-3812-7262［郵便振替］00100-9-30776
［E-mail］info@ryokufu.com［URL］http://www.ryokufu.com/

装　幀　斎藤あかね
制　作　R 企 画　　印　刷　中央精版印刷
製　本　中央精版印刷　　用　紙　中央精版印刷　　E1000

ISBN978-4-8461-2504-2　C0036

◎緑風出版の本

■全国どの書店でもご購入いただけます。
■店頭にない場合は、なるべく書店を通じてご注文ください。
■表示価格には消費税が加算されます。

袖が語れば
Si on parlait de Manches
竹原あき子［著］

A5判上製
二二四頁
3600円

着物の袖は、平安時代は床に届くほど華麗で長かったが、近代になるにつれ筒袖になった。その袖に導かれて奈良、長安、サマルカンド、コンスタンチノーブル、フィレンツエに旅した。日仏同時出版の袖をめぐる注目の文化史。

パリ・エコと減災の街
竹原あき子［著］

四六判上製
二〇四頁
2500円

二〇二一年ドラノエ市長が誕生、パリは大規模開発から環境重視へと舵をきり、中心部に低所得者住宅、空き地に坪庭など、セーヌを中心に緑化・エコ・福祉の街へと改造されつつある。最新の都市デザイン政策をレポート。

原発大国とモナリザ
フランスのエネルギー政策
竹原あき子［著］

四六判上製
二〇八頁
2200円

巨大な官僚主義と利権企業が原発を取り巻くフランスと日本。「モナリザ」を筆頭に美術館貸与の見返りに原子炉の輸出をもくろむフランス。一方で、再生エネルギーの生産にも意欲を燃やす。エネルギー戦略の現状と転換をルポ。

バウハウス
モダンデザインの源流
竹原あき子［著］

四六判上製
三三二頁
2800円

第一次世界大戦の敗戦国ドイツから立ち上がったモダン・デザインの工芸美術学校、バウハウス。モダン・デザインの思想と教育指針を世界中に広め、いまだ世界のデザインに影響を与えている。その一〇〇年の軌跡を追う。